LA GRATITUDE :

Une clé pour le bonheur

LA GRATITUDE :
Une clé pour le bonheur

Marilyn Smith
Représentante mondiale de
Dr & Maître Zhi Gang Sha

Heaven's Library

Avant-propos par
Dr & Maître Zhi Gang Sha

Les informations contenues dans ce livre sont à but éducatif et ne peuvent servir à un diagnostic, une prescription ou un traitement pour une quelconque problématique de santé. Ces informations ne peuvent se substituer à une consultation avec un professionnel de la santé. Le contenu de ce livre a pour but d'être utilisé en complément d'un programme de santé rationnel et responsable, prescrit par un praticien de santé. L'auteur et l'éditeur ne sont en aucun cas impliqués pour toute utilisation inappropriée du matériel.

Aucune partie de cette publication ne peut être sauvegardée dans un système de récupération, transmise, reproduite ou utilisée de quelque façon sans une autorisation préalable à l'exception de quelques brèves citations dans des commentaires ou articles.

Copyright © 2019 par Heaven's Library Publication Corp.

Publié par Heaven's Library Publication Corp.
et Waterside Productions

Tous droits réservés, incluant les droits de reproduction ou de traduction de ce livre, en partie ou de quelque façon que ce soit.

Pour information, s'adresser à Heaven's Library :

Heaven's Library Publication Corp.
30 Wertheim Court, Unit 27D
Richmond Hill, ON L4B 1B9 Canada

www.heavenslibrary.com
heavenslibrary@drsha.com

Waterside Productions
2055 Oxford Ave
Cardiff, CA 92007
www.waterside.com

Première édition (Anglais) : septembre 2010
Français octobre 2019
ISBN 978-1-943625-18-5 (imprimé sur demande)

Mise en page : Lynda Chaplin
10 9 8 7 6 5 4 3 2 1

Table des matières

Avant-propos par Maître Zhi Gang Sha   vii

Introduction   1

1. La gratitude et le bonheur   5
    Qu'est-ce que la gratitude ?   6
    Qu'est-ce que le bonheur ?   9
    Les bienfaits de la gratitude et du bonheur   12
    Comment atteindre une attitude de bonheur   16
    Comment développer les attitudes et
       comportements de gratitude   18

2. La gratitude et le bonheur au quotidien   21
    La signification de la gratitude au quotidien   23
    Recevoir des cadeaux : beaux ou autres   26
    La seule réponse appropriée est 'merci'   28
    La gratitude : un remède aux maux du quotidien   30
    Comment développer la gratitude   34

**3. La gratitude peut transformer vos
humeurs et vos états**   37
    Transformez la tristesse en paix   38
    Transformez la déception en compassion   40
    Transformez le stress en confiance   41
    Transformez l'anxiété en joie   43
    Transformez la peur en espoir   44
    Autres possibilités de transformation   46

Conclusion   49

Remerciements   51

À propos de Marilyn Smith   53

Préface

Je suis heureux de présenter Marilyn Smith, l'une de mes représentants mondiaux de haut niveau. Marilyn a commencé à étudier avec moi après avoir assisté à son premier atelier très peu de temps après le 11 septembre 2001. Depuis, elle a participé à presque tous les ateliers que j'ai offerts en Californie et a participé à toutes mes retraites. Son engagement est profondément touchant. Elle est un exemple de service GOLD total (gratitude, obédience, loyauté et dévotion au Divin). Marilyn a enseigné 'GOLD total' et, plus que ça, c'est la façon dont elle dirige sa vie.

Le livre, *La Gratitude : une clé pour le bonheur* est rempli de sagesse et de pratiques qu'elle a reçues du Divin. Elle les a utilisées comme guidance dans chaque aspect de sa vie. Cette guidance l'a bien servie.

Ce petit livre offre des enseignements profonds, des sagesses et des suggestions pratiques pour transformer votre vie. Vous apprécierez l'enseignement simple et clair. Il y contient plusieurs exercices utiles pour vous aider à développer plus de gratitude dans votre vie et a développer la gratitude en réponse à tout dans votre vie.

Je recommande fortement ce livre.

Appréciez-en la sagesse.

Faites les exercices.

Faites de la gratitude votre clé pour le bonheur.

Avec amour et bénédictions,

Maître Zhi Gang Sha

Introduction

Dans le monde d'aujourd'hui, beaucoup de personnes désirent être heureuses. En fait, dans la déclaration de l'Indépendance, la recherche du bonheur y est citée comme étant une des raisons qui a motivé la fondation des États-Unis et un droit inaliénable pour toutes les personnes. Le bonheur est un but visé par les membres de tous les groupes d'âge, tous les groupes sociaux et tous les groupes économiques. Il y a des sociétés modernes qui identifient le bonheur comme étant l'une de leurs qualités caractéristiques.

Au fil des siècles, beaucoup de personnes ont fait de multiples suggestions à savoir comment une personne peut être heureuse. Il y a des croyances populaires à propos de ce qui peut rendre une personne heureuse. Ces croyances sont mises à l'épreuve en ce moment. Tout de même, un grand nombre de personnes ne sont pas heureuses et l'admettront facilement. Pour certains, il peut sembler que ce qui est nécessaire pour combler ce désir n'est pas accessible à la vaste majorité. Pour beaucoup de personnes, le bonheur peut être difficile à atteindre et à maintenir. Ceci est dû en partie aux fausses croyances à propos de ce qui crée le bonheur véritable.

Malheureusement, beaucoup de ces croyances sont basées sur une compréhension erronée du véritable bonheur et sur un 'qu'est-ce qui me satisfera'. Un grand nombre de personnes pensent que l'accumulation de richesses amène le bonheur ou qu'elles soient le centre d'attention de leurs activités satisfera leur désir d'être heureux. Beaucoup de personnes se sont très intensément attachées à ces croyances. Pour ceux qui croyaient que la richesse est le chemin vers le bonheur, la situation économique actuelle est très décourageante. Les riches ne sont pas nécessairement plus heureux que les pauvres, et les personnes qui ont toutes les possessions matérielles qu'elles désirent, n'ont pas le bonheur en garantie. Évidemment, ces quêtes n'amènent pas le bonheur véritable et durable.

Dans ce petit livre, je partagerai avec vous quelques secrets très simples à propos de la gratitude et du bonheur. Vous pouvez vous demander pourquoi j'ai amorcé cette introduction en mettant l'accent sur *le bonheur* et non la gratitude. Au fur et à mesure que vous lirez et vous connecterez avec la sagesse de ce livre, vous découvrirez la réponse à cette question.

Le secret pour vivre une vie remplie de bonheur est très simple. Ceci ne veut pas dire que c'est facile. Dans plusieurs cas, les suggestions que je vous proposerai pourraient défier vos croyances, ou défier les croyances encouragées par les médias et autres sources d'information qui encouragent des valeurs de vie.

Dans ce livre, je partagerai ce que j'ai appris de mon maître enseignant, Maître Zhi Gang Sha, aussi bien que de ceux qui m'ont enseigné depuis l'école primaire et après. J'ai appris du Divin, des Saints et aussi de mes expériences de vie. J'ai également reçu et appris les fondements de mon approche envers la gratitude et le bonheur de mes parents et de toute ma famille. Je suis heureuse de dire que j'ai beaucoup de gratitude envers chacun d'entre eux.

Ce livre est une combinaison de sagesses que j'ai reçues du Divin, de mes expériences de vie et de mes exercices. Ces exercices furent également reçus du Divin. Ces exercices sont ce que le Divin sait qui aidera le plus l'humanité dans la période actuelle. C'est comme si le Divin disait : 'Faites ceci et votre vie sera différente. Utilisez mes suggestions et vous pouvez être heureux'. Je ne peux imaginer un cadeau plus précieux que ces exercices faits sur mesure pour nous afin que nous puissions être heureux. La générosité et la compassion du Divin vont bien au-delà des mots. Utilisez ces exercices et faites l'expérience de votre vie se transformant sous vos yeux. Plus vous pratiquez, plus vous bénéficierez.

Je ne peux vous inciter suffisamment à pratiquer ! Pratiquer ! Pratiquer ! La transformation qui est possible est un cadeau qui vous est offert par le Divin.

La sagesse et les enseignements offerts dans ce livre seront entremêlés puisque j'ai découvert que plusieurs de ces enseignements se répètent ou se renforcent les uns les autres. J'ai espoir et je souhaite pour vous que ceci devienne votre expérience également. Au fur et à mesure que vous lisez ce livre, c'est le désir de mon cœur que vous reconnaissiez plusieurs de vos propres leçons et plusieurs de vos propres expériences et puissiez voir comment elles peuvent être transformées par les exercices recommandés. Que la lecture de ce livre soit une bénédiction bien spéciale pour vous.

Chapitre 1

La gratitude et le bonheur

La gratitude peut sembler être un mot bien simple. Les multiples aspects, les multiples bénédictions et bienfaits de la gratitude seront explorés dans ce chapitre.

Qu'est-ce que la gratitude ?

Le mot *gratitude* est utilisé de plusieurs façons. Dans certains pays, il y a une fête nationale pour exprimer la gratitude, pour se rappeler que la gratitude faisait partie des tout débuts de ce pays. Avoir de la gratitude est une valeur que bien des gens chérissent. Pourtant, si on demande qu'est-ce que la gratitude, plusieurs pourraient trouver difficile de l'expliquer. Au lieu d'essayer de donner une explication, je vais offrir différentes perspectives à propos de la gratitude ainsi que comment cette qualité se manifeste.

Peut-être connaissez-vous des gens qui représentent très bien la description d'une personne remplie de gratitude. Il pourrait y avoir d'autres qui viennent à l'esprit qui ne correspondront pas à cette description. La gratitude est une appréciation inconditionnelle pour tout. Le mot *inconditionnel* est très important. C'est l'appréciation pour toutes choses et toute personne qui font partie de votre vie en ce moment.

Il y a d'autres aspects de la gratitude outre l'appréciation. Il y a aussi un élément très profond de révérence et de respect. Lorsque nous vivons de la gratitude, nous expérimentons une réponse intérieure très profonde qui inclut l'appréciation, le respect et la révérence. Ces trois qualités sont des ingrédients essentiels à un cœur véritablement rempli de gratitude. Il est parfois possible de ressentir de l'appréciation qui est limitée. La limitation provient du fait que nous ne sommes pas entièrement entrés dans le respect et la révérence pour ceci ou cela et qui est actif dans nos vies en ce moment.

Souvent, nous dirons peut-être *merci*, mais il peut porter une forme de rudesse, une limite. On ressent très bien que ça provient de l'aspect superficiel de ce que nous sommes. À certains moments, la plupart d'entre nous avons reçu ce type de *merci*. Nous savons tous comment nous nous sentons lorsque quelqu'un nous a remerciés, mais que ça semblait être un devoir, pas une expression du cœur. Quelque chose manque. Ce qui manque ce sont les éléments de révérence et de respect.

Il y a une réponse intérieure profonde que les qualités de révérence et de respect apportent. Il y a une douceur, une expérience de sincérité. La personne qui reçoit le *merci* reconnaît que cette expression de gratitude est véritablement sincère. Il y a une énorme différence entre simplement exprimer son appréciation et l'exprimer avec respect et révérence.

De nombreuses expériences au cours de la vie nous enseignent l'importance et la nécessité de dire *merci*. Jeune enfant, nos parents et d'autres membres de notre famille nous incitaient à être reconnaissants et dire *merci*.

Pour un jeune enfant, l'expression de la gratitude habituellement se ressent comme une exigence. Souvent, ça ne vient pas avec le sens du respect et de la révérence. Lorsque nous étions petits enfants, nous n'aurions peut-être pas été capables de nommer ces deux qualités par leur nom, mais nous pouvions certainement les ressentir. Très souvent, *merci* a été dit avec un sens d'obligation. En tant que jeunes enfants, on a pu nous exiger de dire merci pour des choses que nous n'avons pas appréciées. Peut-être avons-nous reçu un cadeau et notre première réponse intérieure fut 'oh non', mais nous voulions paraître polis et avons été poussés à dire *merci*.

Pour de nombreuses personnes, cette exigence de dire *merci* fait toujours partie de l'expression de leur gratitude. C'est un enseignement très important de réaliser que la vraie gratitude inclut les aspects de révérence et de respect. S'imprégner de cet enseignement ou cette sagesse deviendra très aidant pour guérir les mémoires de l'enfance quand nous disions merci par obligation au lieu de le dire par gratitude véritable.

Guérir ces mémoires est extrêmement important et simple à faire. Ajoutez simplement les éléments de révérence et de respect à vos expressions de gratitude. Je vous guiderai dans un exercice pour vous montrer comment le faire.

Pouvoir de l'âme. Dites *bonjour* :

Chers âme, esprit et corps du respect et de la révérence,
Je vous aime.
S'il vous plait, intégrez-vous à l'expression de ma gratitude chaque fois que je dis merci à voix haute ou silencieusement.
Je sais que vous voulez le faire.
Vous ferez du bon travail.
Merci. Merci. Merci.

Pouvoir du son. Maintenant, répétez cette phrase pendant trois à cinq minutes :

Respect et révérence, faites partie de l'expression de ma gratitude. Merci.
Respect et révérence, faites partie de l'expression de ma gratitude. Merci.
Respect et révérence, faites partie de l'expression de ma gratitude. Merci.
Respect et révérence, faites partie de l'expression de ma gratitude. Merci.
Respect et révérence, faites partie de l'expression de ma gratitude. Merci.
Respect et révérence, faites partie de l'expression de ma gratitude. Merci.
Respect et révérence, faites partie de l'expression de ma gratitude. Merci. …

Terminez l'exercice par *Hao ! Hao ! Hao !* (se prononce *ha-a-o*) ce qui signifie *parfait, merveilleux* ou *bien*.

Merci. Merci. Merci.

Pratiquez cet exercice simple, mais très puissant pendant trois à cinq minutes, trois à cinq fois par jour. Plus vous pratiquerez, plus votre gratitude sera transformée par le respect et la révérence.

Il y a un autre élément qui fait partie de la gratitude et c'est la joie. Lorsque nous sommes dans la joie, nous pouvons dire *merci* et ce mot libère l'expression de la joie.

Le secret en une phrase à propos de la gratitude est :

La gratitude est appréciation, révérence, respect et joie inconditionnels.

Qu'est-ce que le bonheur ?

Le bonheur est un autre mot fréquemment entendu. Comme je le disais dans l'introduction, la poursuite du bonheur est une valeur intégrale de la société aux États-Unis et l'a été depuis les débuts de ce pays. C'est la même chose dans d'autres pays. Je suis certaine que si vous demandez à dix personnes 'qu'est-ce que le bonheur', vous recevrez probablement dix réponses différentes ou dix réponses avec des emphases légèrement différentes.

Quand je parle du bonheur, je le décris comme étant animé. Ceci peut sembler être une façon inhabituelle de décrire le bonheur, mais je vous demande de penser à la racine du mot *animé*, qui est *anima* ce qui signifie *vie, souffle* ou *âme*. L'importance et le pouvoir de l'âme sont un enseignement fondamental de Maître Sha et de l'Ère de la lumière de l'âme.

Une personne qui est animée a une connexion d'âme à âme avec tous les événements, toutes les situations et toutes les personnes qui font partie de sa vie en ce moment. Souvent, lorsque nous utilisons le mot *animé*, nous voulons dire une personne qui est de bonne humeur, enthousiaste, extravertie et énergique. Tous ces éléments sont parfaitement vrais et valides. Cependant, maintenant, je parle de la racine du mot *animé*, l'essence qui est aussi l'essence du bonheur.

Le bonheur est exprimé de différentes façons. Il peut être exprimé de manière yang, ou vers l'extérieur, une manifestation de bonne humeur et de résilience. Il peut être exprimé de toutes les façons associées à celle d'être animée. Il y a une bonne humeur et de la résilience chez ceux qui sont heureux. Cependant, il est très important de ne pas confondre cette expression yang du bonheur avec la *qualité* du bonheur. Le bonheur peut également être exprimé d'une manière yin, d'une façon plus délicate et qui peut ne pas sembler aussi pleine d'entrain, mais qui est tout aussi puissante et authentique. Les deux sont des expressions d'animation.

Il y a une grâce chez ceux qui sont heureux. Ceci ne veut pas nécessairement dire qu'ils se déplacent de manière plus fluide, bien que ça puisse être le cas. Leur grâce provient de la connexion âme à âme qu'ils ont avec tout ce qui fait partie de leur présente expérience. Ce type de bonheur est étroitement lié à la gratitude parce que ces personnes expriment la gratitude pour tout, plaisant ou déplaisant.

En conséquence, nous pouvons dire que le secret en une phrase pour le bonheur est :

Le bonheur, c'est vivre une connexion âme à âme avec tous les événements, situations et personnes qui font partie de votre vie à tout moment.

Permettez-moi de vous guider dans un exercice pour le bonheur. Nous allons utiliser la technique des Quatre Pouvoirs qui est :

Pouvoir du corps. L'utilisation particulière de la position des mains et du corps afin d'enlever les blocages et guérir.

Pouvoir de l'âme. L'utilisation du pouvoir de l'âme pour guérir et transformer. Nous le faisons en invoquant les âmes internes et externes en leur demandant leur aide.

Pouvoir de l'esprit. L'utilisation du pouvoir de l'esprit pour guérir ; visualisation créative.

Pouvoir du son. L'utilisation de mantras et de sons vibratoires de guérison.

L'une ou l'autre de ces techniques peut être très efficace utilisée séparément. Lorsqu'on les applique ensemble, elles sont extrêmement puissantes.

Joignez-vous à moi maintenant pour cet exercice :

Pouvoir du corps. Asseyez-vous le dos bien droit.

Pouvoir de l'âme. Tout a une âme, un esprit et un corps. Ici, nous invoquons l'âme, l'esprit et le corps de la qualité du bonheur. Dites *bonjour* :

Chers âme, esprit et corps du bonheur,
Je vous aime.
Vous avez le pouvoir de bénir toutes mes interactions.
  (Ou, si vous préférez, vous pouvez nommer une personne en particulier, ou un événement, ou une situation ou une condition que vous aimeriez qui soit béni par du bonheur.)
Faites du bon travail.
Merci. Merci. Merci.

Pouvoir de l'esprit. Visualisez de la lumière dorée ou arc-en-ciel qui irradie dans cette personne, cet événement, cette situation ou condition ou dans toutes vos interactions.

Pouvoir du son. Répétez ce qui suit pendant au moins trois à cinq minutes :

> *Âme, esprit et corps du bonheur, bénissez ma demande. Merci.*
> *Âme, esprit et corps du bonheur, bénissez ma demande. Merci.*
> *Âme, esprit et corps du bonheur, bénissez ma demande. Merci.*
> *Âme, esprit et corps du bonheur, bénissez ma demande. Merci.*
> *Âme, esprit et corps du bonheur, bénissez ma demande. Merci.*
> *Âme, esprit et corps du bonheur, bénissez ma demande. Merci.*
> *Âme, esprit et corps du bonheur, bénissez ma demande. Merci. ...*

Pratiquez pendant trois à cinq minutes à chaque fois au moins trois à cinq fois pendant la journée. Plus souvent et plus longtemps vous pratiquez, mieux ce sera.

Complétez l'exercice :

> *Hao ! Hao ! Hao !*
> *Merci. Merci. Merci.*

Le premier *merci* est pour le Divin. Le deuxième *merci* est pour toutes les âmes du côté de la lumière. Le troisième *merci* est pour votre propre âme.

Les bienfaits de la gratitude et du bonheur

Lorsqu'on demande aux gens ce qu'ils désirent le plus dans la vie, fréquemment la réponse est la santé et le bonheur. Peu importe où vit la personne ou quelle que soit sa classe sociale ou économique, universellement, les gens veulent être en bonne santé et heureux. Ceci est un désir fondamental universel.

Il est absolument possible pour les gens d'obtenir ce qu'ils désirent. La gratitude peut vous aider à atteindre à la fois la santé et le bonheur. Ces bienfaits extraordinaires ne vous coûteront rien. Tout ce que vous avez à faire est de suivre les suggestions et les exercices de ce livre et vous serez bel et bien sur la voie de la santé et du bonheur. Beaucoup d'entre vous qui lisez ce livre êtes déjà sur votre chemin, et les bénédictions et enseignements vous aideront à accélérer vos progrès.

Lorsque vous êtes reconnaissants, l'essence du bonheur se tient dans cette gratitude. Rappelez-vous ce secret en une phrase :

La gratitude est l'appréciation, la révérence, le respect et la joie inconditionnels.

La joie fait partie de l'essence du bonheur. Ceci signifie que *lorsque vous êtes reconnaissants vous vous êtes connectés à l'essence du bonheur.* Tout ce que vous avez à faire est de permettre à cette essence de devenir de plus en plus présente dans votre vie. Je vous ai donné deux exercices plus tôt dans ce chapitre que vous pouvez utiliser pour développer une attitude de gratitude. Vous pouvez apporter des changements au contenu des exercices pour les adapter à vos besoins. Cependant, il y a une chose que vous devez inclure dans tout exercice ; il s'agit de la salutation *'dites bonjour'*.

D'abord, dites *bonjour* de la façon suivante :

Chers âme, esprit et corps de _____.

Ensuite, exprimez votre amour :

Je vous aime.

Ensuite, faites votre demande :

Vous avez le pouvoir et l'habilité de _____
  (spécifiez votre demande).

Ou, *s'il vous plait* _____.

Offrez de l'encouragement :

Faites du bon travail.

Finalement, exprimez votre gratitude :

Merci. Merci. Merci.

Ce sont les éléments essentiels qui doivent être inclus dans chaque exercice. Vous pouvez changer votre demande et vous pouvez changer votre expression de l'encouragement, mais il y aura toujours des parties qui demeureront les mêmes et ce sont celles que je viens juste d'identifier. Cette salutation 'dites *bonjour*' peut être utilisée de multiples façons. Vous pouvez l'utiliser, comme je l'ai dit, pour vous connecter à l'essence de la gratitude. Ceux qui vivent leur vie de cette manière ne sont pas seulement des gens heureux ; ils sont également en meilleure santé. Des recherches ont démontré les bienfaits pour la santé pour ceux qui ont de la gratitude. La gratitude peut créer un système immunitaire plus fort, une pression sanguine plus stable et un système cardiovasculaire qui fonctionne bien. La gratitude n'est pas seulement une clé pour le bonheur, mais aussi pour la santé.

Pour tous ceux qui désirent de tout leur for intérieur être à la fois en meilleure santé et plus heureux, le secret est fort simple. La gratitude est une clé pour les deux. C'est une clé pour une bonne santé et le bonheur.

Les personnes qui ont de la gratitude ressentent un certain enthousiasme envers la vie. Ce n'est pas surprenant que la gratitude aide à maintenir une pression artérielle saine aussi bien qu'un système cardiovasculaire fort. Dans la médecine traditionnelle chinoise, la joie est associée au cœur. Lorsque nous exprimons et manifestons de la gratitude, nous renforçons réellement notre cœur, l'aidons à rester équilibré et à fonctionner pleinement et adéquatement. La médecine traditionnelle chinoise reconnaît également que le cœur est responsable de tous les autres organes. C'est en sorte comme le président d'un pays : le cœur est le directeur. Lorsque notre cœur fonctionne pleinement et adéquatement, lorsqu'il est équilibré, ceci signifie aussi que tous les autres organes ont une bien meilleure chance de fonctionner pleinement et d'être équilibrés.

Il y a plusieurs émotions associées au cœur. Avoir une nature aimante est une qualité qui émane du cœur. Quelques-unes des autres émotions associées au cœur sont la compassion, la générosité, la bonté et le pardon.

Lorsque vous vivez ces qualités, la vie est vraiment différente de ce qu'elle était avant que vous les développiez. Ceci ne veut pas dire que la vie devienne facile tout d'un coup. Cependant, les obstacles et barrières commencent à fondre. Ils deviennent moins importants. Il est possible de vivre sa vie avec une sorte d'énergie entièrement différente, une énergie qui libère le bonheur et qui nous soutient pour devenir en meilleure santé et pour être cette présence pour ceux qui nous entourent : pour nos familles, nos amis, nos collègues et, d'ailleurs pour toute l'humanité.

Chaque personne apporte une contribution énorme qui s'ajoute aux bienfaits pour toute l'humanité et Terre Mère. Il y a une citation qui est l'une de mes préférées. Elle démontre la signification et l'importance de chaque individu d'une façon tellement puissante et pleine de bon sens. La formulation est légèrement différente de ce que j'ai utilisé, mais le message est absolument le même :

Si vous croyez que vous ne faites aucune différence, vous n'avez jamais été au lit avec un moustique !

Une personne peut faire une telle différence.

Comment atteindre une attitude de bonheur

Pour atteindre une attitude de bonheur, vous devez vous concentrer sur la gratitude. La gratitude est la clé qui ouvre la porte, non seulement à un jardin secret, mais à un monde entièrement différent. C'est la clé qui peut ouvrir une boîte remplie de trésors. Une chose importante à se souvenir est que la clé est seulement efficace lorsqu'elle est utilisée.

Certaines personnes qui liront ce livre trouveront la gratitude très naturelle, une réponse facile à la vie. Il y en aura d'autres qui liront ce livre et trouveront que la gratitude est plus difficile. Tous pourront profiter de l'exercice suivant. Ceux qui trouvent que la gratitude est un défi bénéficieront le plus de cet exercice bien que chacun puisse l'utiliser.

La façon d'atteindre le bonheur est de se concentrer sur la gratitude. Lorsque vous faites cela, vous vous connectez à l'essence du bonheur. Vous vous reliez à la joie intérieure profonde. Une façon de commencer à développer plus de bonheur est de passer trois à cinq minutes à penser à ce qui vous rend heureux. Qu'est-ce qui apporte un sourire à votre visage ? Qu'est-ce qui apporte un sourire à votre cœur ? Est-ce un souvenir de votre enfance ? Est-ce un magnifique coucher de soleil ? Est-ce un ciel bleu dégagé ?

Si vous êtes une personne qui dit 'rien n'apporte un sourire à mon visage', vous avez besoin de faire une chasse au trésor. Vous pouvez rechercher les cadeaux tout au long de votre journée. Recherchez des choses différentes, nouvelles et fraîches dans votre journée.

Si vous marchez pour vous rendre au travail, remarquez quelque chose qui fait partie de votre trajet qui n'était pas là hier. Si vous conduisez, remarquez quelque chose de nouveau entre votre maison et la voiture. Faites cela tout au long de votre journée. Toutes ces choses que vous remarquez sont quelque chose de nouveau dans votre vie. Il y a des choses qui peuvent vous inciter à dire *merci*. Même s'il s'agit de quelque chose de déplaisant, au moins aujourd'hui vous l'avez remarquée. Aujourd'hui, vous avez eu une connexion d'âme à âme avec cela. Cette connexion pourrait ne pas être terriblement forte, mais c'est tout à fait correct. C'est un début.

Vivre cette connexion d'âme à âme est la première étape et, de plusieurs façons, est la plus importante étape. Faites cela pendant toute une semaine. En le faisant, remarquez quelque chose de beau pour chaque chose qui est nouvelle pour vous. Même si à première vue cela semble déplaisant, il y a toujours quelque chose de beau. Il y a toujours yin et yang. Au fur et à mesure que vous vous exercez à remarquer de nouvelles choses, remarquez l'étincelle de beauté dans chacune.

Faites cela pendant trois jours. À chaque fois que vous remarquez quelque chose de nouveau, dites *merci*. Mais ne dites pas seulement le mot, *soyez* l'expression de la gratitude. *Soyez* ce merci. Faites cette connexion d'âme à âme.

Si c'est trop difficile de le faire après seulement trois jours, alors donnez-vous une semaine, deux semaines, un mois ou tout le temps dont vous aurez besoin pour être capable de réaliser ce processus afin de trouver la beauté dans chaque chose que vous remarquez. Avec le temps, vous passerez de n'avoir aucune raison d'être reconnaissant, à remarquer quelque chose de nouveau, à remarquer la beauté dans cette nouvelle chose et finalement, à *être* l'expression de la gratitude. Vous pouvez y arriver étape par étape.

Réaliser cet exercice vous aidera à atteindre le bonheur plus que vous ne pourrez jamais l'imaginer parce que lorsque vous êtes remplis de gratitude, vous avez touché l'essence du bonheur.

Comment développer les attitudes et comportements de gratitude

S'il vous plait, joignez-vous à moi dans un exercice pour développer les attitudes et les comportements de gratitude. Comme pour tous les exercices, nous commençons par la salutation 'Dites *bonjour*'.

Pouvoir du corps. Asseyez-vous le dos bien droit.

Pouvoir de l'âme. Dites *bonjour* :

> *Chers âme, esprit et corps de la gratitude, je vous aime.*
> *Vous avez le pouvoir d'apporter le bonheur dans ma vie.*
> *Faites du bon travail.*
> *Merci. Merci. Merci.*

Une autre salutation 'Dites *bonjour*' que vous pouvez utiliser :

> *Chers âme, esprit et corps de la gratitude,*
> *Je vous aime.*
> *Vous avez le pouvoir de changer mes réponses face à la vie,*
> *Faites du bon travail.*
> *Merci. Merci. Merci.*

Pouvoir de l'esprit. Visualisez de la lumière dorée ou arc-en-ciel rayonnante dans tout votre être, de la tête au pied, de la peau jusqu'aux os.

Pouvoir du son. Répétez pendant trois à cinq minutes, silencieusement ou à haute voix :

> *La gratitude change ma vie.*

La gratitude change ma vie.
La gratitude change ma vie.
La gratitude change ma vie.
La gratitude change ma vie.
La gratitude change ma vie.
La gratitude change ma vie. ...

Pratiquez pendant trois à cinq minutes chaque fois et au moins trois à cinq fois pendant la journée. Le plus souvent et le plus longtemps vous pratiquerez, le mieux ce sera.

Il y a une sagesse très importante que vous devez savoir pour que ce chant soit vraiment efficace. Ceci est beaucoup plus que de simplement dire une affirmation. Vous parlez à l'âme de la qualité de la gratitude. Ceci est très puissant. Lorsque vous répétez ce mantra, vous avez besoin de changer votre conscience pour *devenir* la qualité de la gratitude.

Vous n'êtes pas simplement en train de dire les mots avec votre esprit. Vous n'êtes pas simplement en train de dire les mots. Vous n'êtes pas en train de vous déjouer vous-même, essayant de vous convaincre de quelque chose qui n'est pas véritablement vrai. Lorsque vous chantez, vous devenez la gratitude. Lorsque vous chantez comme cela, la gratitude change vraiment votre vie. Voici un autre secret en une phrase :

Vous devenez ce que vous chantez.

Permettez-moi de vous guider dans cet exercice de nouveau. Nous répéterons simplement le mantra, *'la gratitude change ma vie'* :

La gratitude change ma vie.
La gratitude change ma vie.
La gratitude change ma vie.
La gratitude change ma vie.
La gratitude change ma vie.

La gratitude change ma vie.
La gratitude change ma vie.
La gratitude change ma vie. ...

Plus vous chantez et plus longtemps vous répétez le mantra, plus vous *devenez* la qualité de la gratitude et meilleure sera votre vie. Je recommande fortement que tous ceux qui trouvent difficile d'avoir de la gratitude pratiquent bien au-delà de cinq minutes. Vous pouvez commencer par cinq minutes et ajouter cinq minutes supplémentaires chaque fois que vous pratiquez.

Quand vous faites cet exercice, observez-vous. Portez attention à ce que vous ressentez avant de débuter l'exercice. Remarquez comment vous vous sentez après vous être pratiqué à *être* la gratitude pendant trois à cinq minutes. Ceci est la première étape que vous pouvez entreprendre pour arriver à une attitude de bonheur, car la gratitude est la clé pour le bonheur.

Lorsque vous faites cet exercice pendant trois à cinq minutes, trois à cinq fois tous les jours, vous observerez que vos attitudes et vos comportements commencent à changer. Cette pratique est tellement simple, mais elle est très puissante. Ne vous laissez pas duper par la simplicité et ne pensez pas que quelque chose comme ceci ne peut pas fonctionner. La simplicité est exactement la raison pour laquelle ça fonctionne.

Beaucoup de bénédictions lorsque vous faites cette pratique.

Chapitre 2

La gratitude et le bonheur au quotidien

Les deux qualités, la gratitude et le bonheur feront une grande différence dans la façon dont vous passez au travers de votre journée. La gratitude et le bonheur seront une source de santé et d'énergie. Lorsque vous vous reliez avec l'une ou les deux de ces qualités, il y a une transformation. Vous pouvez choisir de vivre votre vie avec animation (qui est une connexion d'âme à âme, si vous vous souvenez bien), de l'appréciation, de la révérence, du respect et de la joie. C'est aussi simple que cela. C'est une question de choix.

C'est également une question de karma. Cependant, lorsque vous vivez votre vie à partir de la mentalité de gratitude et de bonheur, vous pouvez faire beaucoup pour acquérir des vertus et ces bonnes vertus nettoieront le karma négatif. Même si votre karma comporte des leçons ainsi que des défis très lourds, vous aurez encore le choix de continuer à apprendre ces leçons, répéter le karma ou le transformer. Il est beaucoup plus plaisant de changer le modèle comportemental. Les exercices qui ont déjà été donnés dans ce livre vous aideront à changer le modèle comportemental plus que vous ne pouvez l'imaginer.

Si vous avez manqué des exercices ou que vous les ayez simplement lus et que vous ne les ayez pas faits, c'est le moment de retourner et de sélectionner au moins un exercice et de véritablement le faire pour au moins trois à cinq minutes. Vous devez faire les exercices pour tirer les bienfaits maximums de ce livre.

Lorsque vous incorporez ces exercices dans votre quotidien, vous changerez le modèle de votre vie. Si vous êtes déjà une personne remplie de gratitude, cette qualité deviendra encore plus forte. Si vous avez déjà le sentiment d'être heureux, il deviendra plus fort. Si ces qualités sont un défi pour vous, elles commenceront à se manifester. Mais ce n'est pas de la magie. Ce n'est pas suffisant de souhaiter ou de vouloir. Vous devez pratiquer. Vous devez faire le choix et faire le travail.

Il y a un vieil adage anglais qui dit : *If wishes were horses, beggars would ride* (*si les souhaits étaient des chevaux, les mendiants iraient à cheval*). C'est une merveilleuse façon de nous rappeler que simplement souhaiter quelque chose ne le manifestera pas. Nous avons à faire des efforts. Lorsque nous faisons un petit effort, nous obtenons un petit résultat. Mais c'est par là qu'il faut commencer. Faites quelque chose de petit et bâtissez là-dessus.

C'est comme les fondations d'une maison. Nous devons commencer par la fondation et c'est un processus plutôt lent. Lorsque vous regardez la fondation comparativement au reste de l'édifice, ça semble très petit, mais sans celle-ci, l'édifice ne serait pas solide. Il en est de même avec la pratique de la gratitude et du bonheur et de permettre à ces deux qualités d'être la charpente—la fondation—de votre journée.

La signification de la gratitude au quotidien

Ce que j'ai dit jusqu'ici vous donne une idée de la signification de la gratitude. Comme Maître Sha dit si souvent : '*si vous voulez savoir si une poire est sucrée, goûtez-y*'. Ceci s'applique aux exercices pour développer la gratitude dans votre quotidien. Si vous voulez connaître la signification de la gratitude dans votre vie quotidienne, pratiquez-la.

Le tout premier exercice de ce livre utilisait le mantra '*la gratitude change ma vie*'. Permettez-moi de vous guider de nouveau dans cet exercice. Asseyez-vous le dos bien droit et répétez-le pendant trois à cinq minutes :

> *La gratitude change ma vie.*
> *La gratitude change ma vie.*
> *La gratitude change ma vie.*
> *La gratitude change ma vie.*
> *La gratitude change ma vie.*
> *La gratitude change ma vie.*
> *La gratitude change ma vie. ...*

Faites ceci trois à cinq fois pendant la journée.

Lorsque vous ferez cet exercice tous les jours, votre vie changera. Et en faisant les autres exercices, votre vie changera davantage. Vous expérimenterez tellement plus qu'un changement d'attitude et de perspective. Vous pourriez remarquer un changement dans votre santé. Vous pourriez réellement inverser des problèmes de santé. Vous avez la possibilité de devenir plus fort physiquement et de devenir plus flexible mentalement. Vous avez la possibilité d'avoir un plus grand équilibre dans votre vie émotive.

La gratitude est comme un cadre merveilleux dans lequel vous pouvez mettre toute votre journée. C'est aussi comme un canevas. Vous pouvez créer le paysage de votre choix sur ce canevas. Sans le canevas, il n'y aura pas d'image. Sans la gratitude, votre vie quotidienne continuera avec le même modèle comportemental.

Il y a un autre secret très important que je veux partager avec vous. Je l'ai appris lorsque j'étais jeune enfant. J'ai appris ce secret à la fois à la maison et à l'école. La façon la plus simple de partager ce secret est de vous raconter une histoire.

J'allais à une école sous l'éducation d'un groupe religieux, et ainsi il était approprié de parler de Dieu. Dieu faisait partie de nos jours. Dieu était la façon dont notre journée débutait et faisait partie du déroulement de la journée aussi bien que de la façon dont la journée se terminait.

Un jour, lorsque j'étais dans mes premières années du primaire, l'enseignante a dit : 'Si vous voulez être heureux, faites ce que Dieu vous demande de faire'. Même s'il y a de cela plusieurs années, je me souviens encore de ce jour très clairement. Je me souviens d'être assise à mon pupitre en me disant : 'J'aime être heureuse et ceci est si magnifique. Je sais même comment faire'.

Je me suis dit en moi-même : 'J'aime être heureuse et cette suggestion me dit comment faire'. Tout ce que j'avais à faire, c'était ce que Dieu me demandait de faire. J'ai pris la décision, cette journée-là, que j'allais faire ce que Dieu voulait que je fasse. Est-ce que ça veut dire que je n'ai jamais eu de problèmes ? Non. Est-ce que ça veut dire que j'ai toujours fait ce que mes parents et mes professeurs demandaient ? Non. Est-ce que ça veut dire que je n'étais jamais mécontente avec mes amis et que nous n'avions jamais de disputes ? Non. Mais au travers de tout ça, il y avait toujours un sous-courant, un courant très fort de bonheur qui me portait à travers mes expériences de vie.

**Si vous voulez être heureux,
faites ce que Dieu vous demande de faire.**

Cette unique phrase est quelque chose qui a donné une direction pour ma vie. Elle est un autre secret en une phrase. Elle avait beaucoup de sens. Je l'ai écoutée et y ai porté attention parce que j'apprenais également ces leçons de ma famille et de mes parents. Entendre ces secrets en une phrase étant jeune enfant aide certainement, mais ce n'est pas nécessaire. Il n'est jamais trop tard pour commencer. Il n'est jamais trop tard pour faire ce que Dieu nous demande de faire et il n'est jamais trop tard pour pratiquer la gratitude.

Pour être heureux nous devons faire ce que le Divin nous demande de faire. Lorsque nous résistons, lorsque nous décidons de faire les choses différemment, il y a toujours une sensation d'agitation. Il y a un inconfort. Il y a un sentiment que les choses ne sont pas correctes. C'est comme avoir de la disharmonie dans notre quotidien. Vous pouvez utiliser un autre terme au lieu de Dieu ou Divin. La terminologie importe peu. Ce qui est important, c'est de reconnaître que notre bonheur coule lorsqu'on répond à la guidance d'un pouvoir supérieur, ou de l'univers. Utilisez le terme que vous voulez. Pour moi, le terme qui a du sens c'est le Divin ou Dieu. Chaque fois que j'insiste pour faire ce que je veux, les choses ne vont pas très bien. Et ce flux régulier, ce courant de bonheur qui était une constante dans ma vie, est interrompu.

Ce secret est un trésor si précieux et il a été un trésor merveilleux pour moi tout au long de ma vie. Je suis tellement heureuse de pouvoir le partager avec vous. Je suis remplie de joie et de gratitude de partager ce secret avec vous tous.

Recevoir des cadeaux : beaux ou autres

Nous recevons d'innombrables cadeaux tout au long de notre journée et tout au long de nos vies. Parfois, nous ne les reconnaissons pas et parfois, les cadeaux les plus précieux arrivent déguisés. En fait, je dirais que la plupart du temps, les cadeaux les plus précieux arrivent déguisés. Permettez-moi de vous raconter une autre histoire.

Pendant ma vie adulte, j'ai enseigné à l'école primaire pendant plusieurs années. Dans ce rôle, j'ai fait plusieurs choses outre simplement enseigner dans une classe parce qu'il y a plusieurs tâches et reponsabilités qui font partie du rôle d'enseignant. J'ai exécuté ces tâches avec grand enthousiasme et grand plaisir.

Dans l'une des écoles où j'ai enseigné relativement tôt dans ma carrière, il y a eu des circonstances et une série d'événements qui étaient très déplaisants. Jusqu'à ce que ces séries d'événements se produisent, l'école avait été un endroit très harmonieux. Il y avait un sentiment réel de famille. Lorsque ces événements ont vu le jour, une forme de trahison s'est mise à faire partie de l'atmosphère dans l'école. C'était tellement triste d'être témoin de cela et de le vivre dans ce qui avait été un endroit si harmonieux.

Mon rôle dans l'école à ce moment-là a fait de moi un centre d'attention pour une grande partie de la disharmonie et tout le commérage qui y circulait. À cause de différentes expériences que j'avais déjà eues dans ma vie jusqu'à ce moment, je savais que ce qui arrivait était en fait un cadeau et que j'avais à recevoir ce cadeau. J'ai exprimé à certains de mes amis que je reconnaissais que ces événements étaient un cadeau. J'étais reconnaissante et espérais qu'un jour je serais reconnaissante *avec* de la joie. J'avais réalisé que l'appréciation, la révérence et le respect étaient déjà présents mais c'était une lutte pour arriver à la joie.

La meilleure façon de vous transmettre ce que cette expérience était et ce que je veux dire lorsque j'affirme que très souvent les plus grands trésors, les plus grands cadeaux arrivent déguisés, est par une comparaison. Souvent, lorsque le Divin nous donne un trésor, c'est trop important pour que nous le recevions directement. Ça nous submergerait, ça nous déséquilibrerait ou ça serait désorientant. Nous avons besoin d'être préparés pour recevoir pleinement le cadeau. Pour ce faire, le cadeau doit être emballé dans ce que je décris comme du papier piquant et ficelé avec du barbelé.

Maintenant, ceci peut ne pas ressembler à un très beau cadeau, mais c'est vraiment la façon dont le cadeau doit être remis. Alors que j'ai commencé à déballer ce cadeau, je devais le faire avec beaucoup de délicatesse et de patience. Je devais utiliser beaucoup de compassion, de bonté, de douceur et de pardon envers ceux qui m'entouraient.

Alors que j'appelais toutes ces qualités, je fus capable, petit à petit, de défaire le ruban de barbelé. Une fois que le ruban fut enlevé, j'ai pu desserrer le papier piquant. Et je dus utiliser exactement la même stratégie avec soin et patience. Finalement, après un très long moment—et quand je dis un très long moment, je parle de plusieurs années—j'ai finalement pu ouvrir le cadeau et recevoir la beauté qui m'attendait tout au long.

Pour moi, ce cadeau était une profonde appréciation et une expérience de la présence divine. Non seulement la présence divine *avec* moi, mais *être* présence divine. Ce fut un cadeau qui transforma ma vie, mais c'était un cadeau que je devais être préparée à recevoir et la seule façon de se produire était en prenant le temps de le déballer très prudemment et de façon réfléchie.

Il est vrai dans la vie de plusieurs personnes que le cadeau arrive de plusieurs façons différentes. Parfois, nous vivons des événements ou situations tels que la maladie, la mort ou les pertes financières. Parfois, nous avons tout cela et c'est ce qui est l'emballage autour du cadeau de la présence divine qui est en fait, l'amour divin et qui contient toutes les autres qualités qui nous relient au Divin. Nous avons besoin de développer notre habileté à recevoir les cadeaux qui nous sont offerts, qu'ils soient beaux au premier regard ou pas. Chaque cadeau est un trésor et il est essentiel de se concentrer sur le cadeau et non sur l'emballage.

La seule réponse appropriée est 'merci'

Le Divin nous offre seulement des cadeaux d'amour. Je sais que c'est vrai. Voici une autre histoire qui aidera à illustrer la vérité de cette affirmation.

Lorsque Maître Sha commença à enseigner dans la région de la Baie de San Francisco, il offrait des cours par téléphone. Pour presque toutes ces classes, la seule chose que vous aviez à faire était de vous inscrire à la téléconférence. C'était aussi simple que cela. Cependant, il y avait une classe très spéciale appelée Shi Fu, pour laquelle vous deviez faire une demande et être accepté pour participer dans la classe. Si vous n'étiez pas accepté, vous pouviez refaire une demande. Chaque étudiant pouvait faire cela un certain nombre de fois, mais devait attendre un mois ou deux entre chaque demande d'approbation.

Participer à la classe des Shi Fu était très extraordinaire parce que cela signifiait que vous aviez un bouddha ou un Saint du monde des âmes qui acceptait d'être votre guide particulier et votre enseignant spécial. Cet être acceptait de vous aider à apprendre les leçons dont vous aviez besoin pour devenir plus pur, pour devenir plus aligné avec la conscience divine. Les Shi Fus vous aident à développer les choses qui sont importantes afin de devenir un guérisseur plus puissant et pouvant mieux servir l'humanité et Terre Mère. Lorsque j'ai entendu parler de cette classe, j'étais très excitée et ai appliqué immédiatement.

Je ne fus pas acceptée.

Dire que j'étais déçue ne s'approche même pas de la description de comment je me sentais. La déception était si intense que c'était comme si elle me suivait partout. C'était une présence qui était presque toujours avec moi. Peu importe ce que je faisais, la déception était toujours là. J'ai essayé de chanter, j'ai essayé de faire toutes les choses que j'avais apprises à faire et la déception demeurait.

Finalement, un samedi, lorsque je rangeais ma chambre et faisais tous les travaux ménagers qui étaient prévus le weekend, j'ai entendu le Divin me dire : 'Ceci est mon cadeau d'amour pour vous. Je vous aime tellement que je veux enlever les obstacles et barrières qui rendent difficile pour vous de vivre pleinement ma présence'. J'étais tellement étonnée.

Dire que cela a changé ma vie est un euphémisme. J'ai réalisé que ce 'non', cette déception était un cadeau d'amour. Le Divin me l'avait offert pour enlever les obstacles et les barrières afin de vivre pleinement l'amour divin et avancer dans mon intimité avec le Divin. Ceci fut vraiment une expérience qui transforma ma vie.

À partir de cette expérience, j'ai réalisé que peu importe ce qui arrive dans nos vies, la réponse appropriée est *merci*. Être déçu parce que vous ne pouvez suivre un cours peut sembler comme un petit défi comparativement aux obstacles qui peuvent être vécus dans la vie, mais pour moi, c'était très intense. L'importance est dans la leçon et non ce qui m'a apporté la leçon. Parfois, des choses très importantes arrivent dans nos vies et elles apportent avec elles de grands trésors. Parfois, nous n'avons pas besoin d'avoir quelque chose d'énorme qui se produit afin de recevoir un trésor et une leçon très puissants et qui transforment la vie. Cette phrase, 'Ceci est mon cadeau d'amour pour vous' était un grand trésor. Ceci m'a aidée à réaliser que quoi que ce soit de déplaisant qui se présente à nous, le cadeau est la façon dont le Divin souhaite se rapprocher de nous. Lorsque nous retirons nos mentalités, nos attitudes, nos croyances, notre égo et nos attachements, nous pouvons être une présence très pure et irradier de l'amour divin, du pardon, de la compassion, de la lumière du Divin et tellement plus.

Chacun d'entre vous qui lisez ce livre arrivera à penser à des circonstances et des événements qui vous ont donné l'opportunité d'expérimenter l'amour divin. Beaucoup d'entre vous ont réalisé que la seule réponse appropriée est *merci*. Certains qui lisent ce livre peuvent se plaindre lorsque les choses ne vont pas comme ils le souhaitent ou certains peuvent critiquer. Tout cela doit être renversé et, au lieu de se plaindre, la réponse devrait être *merci*.

La gratitude : un remède aux maux du quotidien

Il y a plusieurs moments dans la journée où nous sommes entourés de cadeaux que nous apprécions. Ceux-là sont les occasions où il est facile de dire *merci*. Ce sont ces nombreuses fois durant la journée lorsqu'un sourire se dessine sur notre visage, lorsque nous sommes conscients que nous avons vraiment un cœur joyeux et rempli de gratitude. Ce sont les moments lorsqu'il est facile de se connecter à la présence divine, avec la présence des saints, de nos guides, des bouddhas, des anges guérisseurs et tous ceux dans le monde des âmes qui nous assistent continuellement. Lorsque notre vie est une série de ce type d'événements, nous sommes véritablement bénis, tel que ce fut partagé plus en profondeur dans le livre de Maître Sha, 'The Power of Soul'[1], dans le chapitre deux sur le karma.

Lorsque nos vies se passent bien, c'est à cause du bon karma que nous avons accumulé de nos vies antérieures et aussi dans cette vie-ci ainsi que le bon karma que nous avons de nos ancêtres. Nous devons reconnaitre les cadeaux qui nous ont été donnés : le bon karma qui nous a été légué et les personnes et les événements dans nos vies présentes et antérieures qui nous ont assistés et qui nous ont permis d'accumuler du bon karma. La conscience de tout cela est très importante. Lorsque nous approchons la vie avec cette conscience, c'est comme avoir une lentille qui est focalisée et le centre d'attention devient la gratitude. Plus nous utilisons cette lentille, plus précis devient le centre d'attention et plus clairement nous pouvons voir les gens, les évènements, les situations et les conditions qui font partie de nos vies. Nous pouvons voir clairement les rôles qu'ils ont joués.

Il y a des fois quand les choses ne vont pas aussi bien, lorsque les blocages et barrières apparaissent. Parfois, ces blocages et barrières sont très significatifs. Il y a des fois, lorsque les situations, les conditions et les événements dans nos vies semblent presque envahissants. Ceux-ci pourraient être considérés comme nos maux quotidiens. Même si les situations dans votre vie semblent accablantes, elles ne sont vraiment qu'un mal

---

[1] Zhi Gang Sha, *The Power of Soul: The Way to Heal, Rejuvenate, Transform, and Enlighten All Life* (Toronto/New York: Heaven's Library/Atria Books, 2009).

quotidien. Si vous choisissez de vous concentrer sur cela, quelle que soit la question, elle deviendra plus aiguë et plus claire, et davantage, l'attention de votre journée. Cela drainera votre énergie.

Le secret est d'arrêter dès la première étape et de reconnaître que les blocages et les barrières sont les résultats du karma. Les reconnaître comme des cadeaux changera complètement votre réponse à eux. Reconnaître un blocage ou une barrière comme un cadeau permet à ces problèmes de devenir vos professeurs, vos compagnons, vos assistants. Ceci est un saut quantique par rapport à les voir comme des problèmes envahissants. Le changement est énorme. Et la façon de faire ce changement est de dire *merci*.

Les histoires précédentes vous donnent des exemples de façons de dire *merci*. Ces histoires sont des enseignements qui vous offrent la clé. Ils vous donnent le secret pour changer ce qui peut paraître à première vue déplaisant en un trésor. Avec la gratitude, il est possible de faire de l'alchimie. Vous pouvez prendre ce que la société et vous, considérez comme déplaisant et quelque chose à surmonter ou à endurer, et le transformer en un joyau. Vous pouvez ensuite le reconnaître comme un cadeau précieux. Tout ce qui existe dans votre vie est là pour vous aider à entrer plus pleinement dans une expérience avec le Divin. Tout ce qui est dans votre vie peut vous apprendre de grandes sagesses et apporter des guérisons intérieures profondes.

Répondre avec gratitude rend possible pour vous la transformation du karma négatif, ou ce qui est souvent appelé du mauvais karma, en vertu. La gratitude est la clé pour arriver à cela. La gratitude est la clé pour apprécier et répondre avec révérence, respect et joie inconditionnelle à tout ce qui fait partie de votre vie. J'ai observé dans ma vie et dans la vie des gens autour de moi que ces problèmes, évènements et circonstances qui semblent les plus déplaisants, sont actuellement la voie que prend le Divin et le monde des âmes pour aider chacun à entrer dans une expérience puissante et magnifique de transformation, d'intimité et de lumière. J'ai été témoin d'expériences profondes de personnes qui devenaient plus alignées avec la présence divine et sa plus grande manifestation. Ils sont vraiment des cadeaux précieux. La seule chose que vous avons besoin de faire pour bénéficier de ces cadeaux est de dire *merci* et de le dire en étant honnête à la bonté, en étant de cœur à cœur et en ayant une connexion d'âme à âme avec l'événement, la circonstance ou la condition. Lorsque nous faisons cela, tout peut changer.

C'est un peu comme un kaléidoscope. Lorsque vous avez toutes les pièces de verre teinté ou de pierres dans le kaléidoscope et que vous changez de position, vous voyez de beaux motifs remplis de lumière. Ils sont magnifiques et ils remplissent votre cœur de joie. Si ces mêmes pierres étaient placées sur une table, vous verriez une collection de jolies pierres ou de verre teinté, mais il n'y aurait pas de motif changeant parce qu'il n'y aurait pas de lumière.

La gratitude illumine les pierres sur la table et anime le motif. La gratitude change constamment le motif de ces pierres afin que ce soit toujours quelque chose de nouveau, quelque chose de beau et quelque chose rempli de lumière. La gratitude change notre perspective. C'est ce que la gratitude fait pour tout dans nos vies, incluant ce que nous appelons nos maux.

Lorsque nous regardons les pierres ou les pièces de verre teinté sur la table, c'est la même chose que de regarder nos vies et seulement voir les maux. Lorsque nous prenons le kaléidoscope et lorsque nous répondons aux pierres avec de la gratitude, elles sont transformées. La gratitude apporte de la beauté et de la lumière dans un motif en constant changement. La gratitude est le remède à nos maux quotidiens.

Comment développer la gratitude

Maintenant, je vais vous guider dans un exercice. Cette fois, je suggère d'utiliser le chant de l'âme du Divin *'Dieu me donne son cœur'*. Si vous avez le CD (en anglais seulement—*God Gives His Heart to Me*), faites-le jouer en mode 'répétition' afin que vous puissiez chanter ce chant de l'âme du Divin plus d'une fois. Vingt minutes seraient une excellente durée. Si vous n'avez pas le CD, les mots pour *'Dieu me donne son cœur'* suivront cet exercice. Asseyez-vous bien droit et dites *bonjour* :

> *Chers âme, esprit et corps du chant de l'âme du Divin Dieu me donne son cœur,*
> *Je vous aime, vous honore et vous apprécie.*
> *S'il vous plaît, transformez _____ (nommez la situation, l'événement, la personne ou la condition).*
> *Remplissez-le* (la) *de lumière, de créativité et de présence divine.*
> *Merci. Merci. Merci.*

Maintenant, asseyez-vous avec les paumes de vos mains sur votre Dan Tian inférieur qui est juste en dessous de votre nombril. Chantez *Dieu me donne son cœur*. Si vous avez le CD, écoutez-le au moins trois fois. Plus vous l'écouterez et plus longtemps vous chanterez, mieux ce sera. Ceci aidera à transformer les maux quotidiens en cadeaux.

Maintenant, je vais vous guider dans un autre exercice pour développer la gratitude. De nouveau, asseyez-vous droit.

Pouvoir de l'âme. Dites *bonjour* :

> *Chers âme, esprit et corps du chant de l'âme du Divin 'Dieu me donne son cœur',*
> *Je vous aime, vous honore et vous apprécie.*

*S'il vous plait, transformez mes attitudes et
réactions négatives aux choses qui font partie
de ma vie quotidienne.
Remplissez-les de lumière, de créativité et de beauté.
Merci. Merci. Merci.*

Pouvoir du son. Écoutez le CD si vous l'avez. Si vous ne l'avez pas, répétez les mots du chant de l'âme du Divin ci-dessous au moins trois fois ; plus c'est mieux.

*Lu La Lu La La Li
Lu La Lu La La Li
Lu La Lu La Li
Lu La Lu La La Li*

*Dieu me donne son cœur
Dieu me donne son amour
Mon cœur s'unit à son cœur
Mon amour s'unit à son amour ...*

Terminez l'exercice :

*Hao ! Hao ! Hao !
Merci. Merci. Merci.*

Pour le prochain exercice, nous utiliserons le chant de l'âme du Divin *Amour Paix et Harmonie*. Nous débuterons de la même façon. S'il vous plait, asseyez-vous droit.

Pouvoir de l'âme. Dites *bonjour* :

*Chers âme, esprit et corps du chant de l'âme du Divin
Amour Paix et Harmonie,
Je vous aime.
Vous avez le pouvoir d'augmenter la gratitude dans
ma vie.
Merci. Merci. Merci.*

Pouvoir du son. Chantez le chant de l'âme du Divin *Amour, Paix et Harmonie*. Si vous avez le CD, chantez avec Maître Sha. Si vous ne l'avez pas, voici les paroles :

Lu La Lu La Li
Lu La Lu La La Li
Lu La Lu La Li Lu La
Lu La Li Lu La
Lu La Li Lu La

J'aime mon cœur et mon âme
J'aime toute l'humanité
Joignons nos cœurs et nos âmes ensemble
Amour, Paix et Harmonie
Amour, Paix et Harmonie ...

Écoutez ce chant de l'âme du Divin et chantez en même temps au moins trois fois. Si vous n'avez pas le CD, répétez les mots pour au moins dix minutes ; plus longtemps vous chantez, mieux c'est.

Terminez l'exercice de la manière habituelle :

Hao ! Hao ! Hao !
Merci. Merci. Merci.

Utilisez ces trois exercices souvent. Utilisez-les à différents moments de la journée. Utilisez-les pour vous aider à développer votre propre pratique en vous rappelant qu'il y a certaines parties de la salutation qui seront toujours les mêmes. D'autres parties peuvent être changées pour s'adapter à votre situation. Le plus important est de se rappeler de pratiquer. Sans pratique, rien ne changera. Ce sera la même chose que de laisser toutes les belles pierres colorées ou belles pièces de verre coloré éparpillées sur la table. Lorsque vous pratiquez, vous devenez une plus grande présence de gratitude, tout comme ces pièces de verre et pierres colorées deviennent un magnifique kaléidoscope. Votre lumière reflétera cette beauté.

Chapitre 3

La gratitude peut transformer vos humeurs et vos états

Ce chapitre a une variété d'exercices pour vous aider à transformer vos expériences quotidiennes. Lorsque vous utilisez ces exercices et entrez plus pleinement dans le mode de vie de la gratitude ou que vous le faites plus consciemment, vous serez aussi capable d'aider les autres à vivre un mode de vie de gratitude.

Transformez la tristesse en paix

Dans la médecine traditionnelle chinoise, la tristesse est associée aux poumons. Le pardon apporte la paix et la joie intérieures profondes. Dans le prochain exercice, je vous guiderai pour transformer la tristesse en paix. Vous pouvez adapter cet exercice pour avoir le pardon qui transforme votre tristesse[2].

Laissez-moi maintenant vous guider dans un exercice.

Pouvoir du corps. Asseyez-vous droit. Garder votre dos éloigné de votre chaise. Placez le bout de votre langue près de votre palais sans qu'elle le touche. Placez une main par-dessus l'autre, déposez-les sur votre abdomen sur votre Dan Tian Inférieur, qui se trouve environ un pouce sous votre nombril et à l'intérieur de votre corps.

Pouvoir de l'âme. Dites *bonjour* :

Chers âme, esprit et corps de la gratitude,
Je vous aime, vous honore et vous apprécie
S'il vous plaît, transformez ma tristesse en paix.
Laissez la paix irradier dans mon âme, dans mon
  cœur, dans mon esprit et dans mon corps. Enlevez
  tous les blocages dans mes poumons. Remplissez-les
  de lumière.

---

[2] Il y a plus d'exercices de pardon dans les livres de Maître Sha. *Médecine Psychosomatique de l'Âme* (Guy Trédaniel éditeur, 75005 Paris, 2009) ou *Soul Mind Body Medicine: A Complete Soul Healing System for Optimum Health and Vitality* (Novato, California: New World Library, 2006).

Faites du bon travail.
Merci. Merci. Merci.

Pouvoir de l'esprit. Visualisez de la lumière dorée ou arc-en-ciel qui irradie dans votre Centre des messages[3]. Tout votre corps se transforme en lumière dorée ou arc-en-ciel.

Pouvoir du son. Chantez en répétant silencieusement ou à haute voix :

> *La gratitude transforme ma tristesse en paix et remplit mes poumons de lumière.*
> *La gratitude transforme ma tristesse en paix et remplit mes poumons de lumière.*
> *La gratitude transforme ma tristesse en paix et remplit mes poumons de lumière.*
> *La gratitude transforme ma tristesse en paix et remplit mes poumons de lumière.*
> *La gratitude transforme ma tristesse en paix et remplit mes poumons de lumière.*
> *La gratitude transforme ma tristesse en paix et remplit mes poumons de lumière.*
> *La gratitude transforme ma tristesse en paix et remplit mes poumons de lumière. ...*

Pratiquez pendant trois à cinq minutes, trois à cinq fois chaque jour. Plus vous pratiquez souvent et longtemps, plus vous en bénéficierez.

Terminez toujours votre exercice avec *Hao ! Hao ! Hao ! Merci. Merci. Merci.*

---

[3] Le Centre des messages est un centre d'énergie de la grosseur d'un poing situé au centre de la poitrine derrière le sternum. Il est aussi connu comme le chakra du cœur. L'un des plus importants centres d'énergie, il est le centre pour la guérison, les émotions, le karma, l'amour, le pardon, la compassion, la transformation de la vie et l'illumination de l'âme.

Transformez la déception en compassion

Le Centre des messages ou chakra du cœur est le centre pour l'équilibre émotionnel et la guérison. Lorsque la compassion manque, cela indique un blocage ou un manque de lumière dans le Centre des messages. Cet exercice se concentrera sur le Centre des messages.

Pouvoir du corps. Asseyez-vous droit. Gardez votre dos éloigné de votre chaise. Placez le bout de la langue près du palais sans y toucher. Placez les mains l'une sur l'autre sur votre abdomen sur le Dan Tian Inférieur qui se trouve à environ un pouce en dessous de votre nombril, à l'intérieur de votre corps.

Pouvoir de l'âme. Dites *bonjour* :

Chers âme, esprit et corps de la gratitude,
Je vous aime, vous honore et vous apprécie.
S'il vous plait, retirez les blocages de mon Centre des messages.
Remplissez mon Centre des messages avec la lumière et la compassion divines.
Faites du bon travail.
Merci. Merci. Merci.

Pouvoir de l'esprit. Visualisez de la lumière dorée ou arc-en-ciel qui irradie dans votre Centre des messages. Tout votre corps se transforme en lumière dorée ou arc-en-ciel.

Pouvoir du son. Chantez en répétant silencieusement ou à voix haute :

La gratitude transforme mon Centre des messages en lumière et compassion divines.
La gratitude transforme mon Centre des messages en lumière et compassion divines.
La gratitude transforme mon Centre des messages en lumière et compassion divines.

La gratitude transforme mon Centre des messages en lumière et compassion divines.
La gratitude transforme mon Centre des messages en lumière et compassion divines.
La gratitude transforme mon Centre des messages en lumière et compassion divines.
La gratitude transforme mon Centre des messages en lumière et compassion divines. ...

Terminez l'exercice de la façon habituelle :

Hao ! Hao ! Hao !
Merci. Merci. Merci.

Pratiquez pendant trois à cinq minutes, trois à cinq fois par jour. Plus vous pratiquez et plus longtemps vous pratiquez, plus vous en bénéficierez.

Transformez le stress en confiance

Dans la médecine traditionnelle chinoise, le stress est associé à la rate. Dans l'exercice suivant, je vais vous guider pour transformer le stress en confiance. Vous pouvez adapter cette pratique en demandant à l'amour de transformer votre stress en confiance. Il y a plusieurs autres possibilités. Tout ce qu'il y a à faire est d'utiliser votre imagination.

Pratiquez avec moi maintenant :

Pouvoir du corps. Asseyez-vous droit. Gardez votre dos éloigné de votre chaise. Placez le bout de votre langue près de votre palais sans le toucher. Placez vos mains l'une par-dessus l'autre sur votre abdomen au-dessus de votre Dan Tian Inférieur qui est à environ un pouce en dessous de votre nombril à l'intérieur de votre corps.

Pouvoir de l'âme. Dites *bonjour* :

Chers âme, esprit et corps de la gratitude,

Je vous aime, vous honore et vous apprécie.
S'il vous plaît, transformez le stress en confiance. S'il vous plaît, faites que ma rate et mes reins irradient la lumière dorée.
Faites du bon travail.
Merci. Merci. Merci.

Pouvoir de l'esprit. Visualisez de la lumière dorée ou arc-en-ciel qui irradie dans votre Centre des messages. Tout votre corps se transforme en lumière dorée ou arc-en-ciel.

Pouvoir du son. Chantez en répétant silencieusement ou à voix haute :

La gratitude renforce ma rate et mes reins et transforme mon stress en confiance.
La gratitude renforce ma rate et mes reins et transforme mon stress en confiance.
La gratitude renforce ma rate et mes reins et transforme mon stress en confiance.
La gratitude renforce ma rate et mes reins et transforme mon stress en confiance.
La gratitude renforce ma rate et mes reins et transforme mon stress en confiance.
La gratitude renforce ma rate et mes reins et transforme mon stress en confiance.
La gratitude renforce ma rate et mes reins et transforme mon stress en confiance. ...

Terminez de la façon habituelle :

Hao ! Hao ! Hao !
Merci. Merci. Merci.

Pratiquez pendant trois à cinq minutes, trois à cinq fois par jour. Plus vous pratiquez et plus longtemps vous pratiquez, plus vous en bénéficierez.

Transformez l'anxiété en joie

L'anxiété et la joie sont associées au cœur dans la médecine traditionnelle chinoise. Tout comme l'âme est le 'patron' pour un être humain, le cœur est responsable de tous les autres organes. Avoir un cœur en bonne santé et joyeux est profitable pour tout votre corps physique. Comme dans tous les exercices, il y a de la flexibilité. Vous pouvez adapter cet exercice pour l'un ou l'autre de vos organes.

Joignez-vous à moi dans cet exercice :

Pouvoir du corps. Asseyez-vous droit. Gardez votre dos éloigné de votre chaise. Placez le bout de votre langue près de votre palais sans y toucher. Placez vos mains l'une sur l'autre sur votre abdomen au-dessus du Dan Tian Inférieur qui se trouve à environ un pouce en dessous du nombril, à l'intérieur du corps.

Pouvoir de l'âme. Dites *bonjour* :

> *Chers âme, esprit et corps de la gratitude,*
> *Je vous aime, vous honore et vous apprécie.*
> *S'il vous plaît, guérissez mon Centre des messages et mon cœur afin qu'ils irradient de la lumière dorée et arc-en-ciel.*
> *S'il vous plaît, faites que la joie irradie dans tout mon corps.*
> *Faites du bon travail.*
> *Merci. Merci. Merci.*

Pouvoir de l'esprit. Visualisez de la lumière dorée ou arc-en-ciel qui irradie de votre Centre des messages. Votre corps entier se transforme en lumière dorée ou arc-en-ciel.

Pouvoir du son. Chantez et répétez silencieusement ou à voix haute :

La gratitude guérit mon cœur et mon Centre des messages et transforme mon anxiété en joie.
La gratitude guérit mon cœur et mon Centre des messages et transforme mon anxiété en joie.
La gratitude guérit mon cœur et mon Centre des messages et transforme mon anxiété en joie.
La gratitude guérit mon cœur et mon Centre des messages et transforme mon anxiété en joie.
La gratitude guérit mon cœur et mon Centre des messages et transforme mon anxiété en joie.
La gratitude guérit mon cœur et mon Centre des messages et transforme mon anxiété en joie.
La gratitude guérit mon cœur et mon Centre des messages et transforme mon anxiété en joie. ...

Terminez de la façon habituelle :

Hao ! Hao ! Hao !
Merci. Merci. Merci.

Pratiquez pendant trois à cinq minutes, trois à cinq fois chaque jour. Plus vous pratiquez et plus longtemps vous pratiquez, plus vous en bénéficierez.

Transformez la peur en espoir

Dans la médecine traditionnelle chinoise, la peur est associée aux reins. Une énergie rénale plus forte vous aidera à avoir moins peur et à avoir plus confiance. Dans l'exercice suivant, je vous guiderai pour transformer la peur en espoir. Vous pouvez adapter cet exercice et l'utiliser de plusieurs façons différentes.

Permettez-moi de vous guider dans un exercice pour transformer la peur :

Pouvoir du corps. Asseyez-vous droit. Gardez votre dos éloigné de votre chaise. Placer le bout de votre langue près du palais sans le toucher. Placez une main par-dessus l'autre et déposez-les sur votre abdomen sur le Dan Tian

Inférieur qui est à environ un pouce sous votre nombril et à l'intérieur de votre corps.

Pouvoir de l'âme. Dites *bonjour* :

> *Chers âme, esprit et corps de la gratitude,*
> *Je vous aime, vous honore et vous apprécie.*
> *S'il vous plaît, enlevez les blocages dans mes reins.*
>   *Augmentez leur énergie !*
> *Transformez ma peur en espoir.*
> *Faites du bon travail.*
> *Merci. Merci. Merci.*

Pouvoir de l'esprit. Visualisez de la lumière dorée ou arc-en-ciel qui irradie dans votre Centre des messages. Votre corps entier se transforme en lumière dorée ou arc-en-ciel.

Pouvoir du son. Chantez et répétez silencieusement ou à voix haute :

> *Augmentez l'énergie des reins ! Transformez ma peur en espoir !*
> *Augmentez l'énergie des reins ! Transformez ma peur en espoir !*
> *Augmentez l'énergie des reins ! Transformez ma peur en espoir !*
> *Augmentez l'énergie des reins ! Transformez ma peur en espoir !*
> *Augmentez l'énergie des reins ! Transformez ma peur en espoir !*
> *Augmentez l'énergie des reins ! Transformez ma peur en espoir !*
> *Augmentez l'énergie des reins ! Transformez ma peur en espoir ! ...*

Terminez de la façon habituelle :

> *Hao ! Hao ! Hao !*
> *Merci. Merci. Merci.*

Pratiquez pendant trois à cinq minutes, trois à cinq fois chaque jour. Plus vous pratiquez et plus longtemps vous pratiquez, plus vous en bénéficierez.

Autres possibilités de transformation

Il y a de nombreuses autres possibilités de transformation. Après avoir fait les pratiques de ce livre, vous aurez utilisé la salutation 'Dites *bonjour*' plusieurs fois. Je l'ai incluse ci-dessous afin que vous puissiez l'adapter à vos besoins. Ne soyez pas timide. Demandez pour quoi que ce soit que vous voulez transformer. Vous n'avez pas besoin de connaître la médecine traditionnelle chinoise pour expérimenter le pouvoir de ces exercices.

Joignez-vous à moi maintenant pour cet exercice :

Pouvoir du corps. Asseyez-vous droit. Gardez votre dos éloigné de la chaise. Placez le bout de votre langue près de votre palais sans y toucher. Placez une main par-dessus l'autre sur votre abdomen sur le Dan Tian Inférieur qui se trouve environ un pouce sous votre nombril et à l'intérieur de votre corps.

Pouvoir de l'âme. Dites *bonjour* :

> *Chers âme, esprit et corps de* _____ (complétez le nom, l'exercice ou la qualité que vous souhaitez transformer),
> *Je vous aime, vous honore et vous apprécie.*
> *S'il vous plaît,* _____ (faites votre demande).
> *Faites du bon travail.*
> *Merci. Merci. Merci.*

Pouvoir de l'esprit. Visualisez de la lumière dorée ou arc-en-ciel qui irradie dans votre Centre des messages. Votre corps tout entier se transforme en lumière dorée ou arc-en-ciel.

Pouvoir du son. Créez votre propre chant en lien avec la transformation que vous demandez.

Pratiquez pendant trois à cinq minutes, trois à cinq fois chaque jour. Plus vous pratiquez et plus longtemps vous pratiquez, plus vous en bénéficierez.

Terminez de la façon habituelle :

Hao ! Hao ! Hao !
Merci. Merci. Merci.

Conclusion

Je suis profondément reconnaissante pour la sagesse, les secrets, les pratiques et les bénédictions dans ce livre qui vous assisteront afin que la gratitude soit une qualité importante dans votre vie. Suivez les recommandations. Portez attention aux enseignements dans ce livre et la gratitude pourra devenir une façon de vivre pour vous. Ceci pourra tellement amener une plus grande santé et un plus grand bonheur dans tous les aspects de votre vie.

Par un flot du Divin, vous avez reçu une définition de la *gratitude* et du *bonheur*. Vous avez reçu des enseignements vous disant comment à la fois la gratitude et le bonheur peuvent prendre une part plus importante de votre vie quotidienne. Les histoires de ce livre vous aideront d'innombrables façons. C'est mon espoir que ces histoires vous aideront à dire : '*Oui, quelque chose de similaire s'est produit dans ma vie*'. Peut-être qu'elles vous aideront à réaliser qu'il y a une façon différente de réagir aux situations.

Les pratiques de ce livre sont des outils pour vous assister dans l'utilisation de la *gratitude* comme une clé pour ouvrir la possibilité d'un *bonheur* de plus en plus grand.

Je fus honorée de canaliser ce livre.

Remerciements

Je suis profondément reconnaissante envers le Divin qui rend toute chose possible ; qui a été et est présent et ressenti dans ma vie en tant que Bon et tellement plus. Je suis tellement reconnaissante que le Divin m'ait guidée à rencontrer Maître Sha dans cette vie. Je ne peux remercier le Divin suffisamment pour tout cela et pour tous les autres cadeaux que j'ai reçus.

Je suis très reconnaissante envers Maître Sha pour tous les enseignements profonds et les bénédictions puissantes qui ont fait une telle différence dans ma vie. J'ai expérimenté des transformations dans tous les aspects de ma vie. L'une d'entre elles est une plus grande habileté à vivre la gratitude. Je ne peux le remercier suffisamment.

Je suis profondément reconnaissante à tous mes enseignants qui ont posé les fondations qui m'ont permis d'expérimenter la présence du Divin, qui m'ont permis de me connecter aux enseignements de Maître Sha et de réaliser le trésor qu'est la gratitude.

J'ai une reconnaissance infinie pour mes parents, mes sœurs, mes grands-parents et toute ma famille élargie. C'était dans ma famille que vivre la gratitude a débuté. C'était là que j'ai reçu ma première petite clé.

Je suis reconnaissante envers Allan Chuck, Elaine Ward et Gloria St-John pour leur travail d'édition qui fut inestimable afin d'apporter ce petit livre au public. Leur support gracieux et enthousiaste a fait une énorme différence pour compléter ce livre.

Alors que je grandissais, ma clé est devenue plus grande. Je remercie tous ceux, connus ou inconnus, qui m'ont aidée à accéder à des clés de plus en plus grandes pour ouvrir le trésor précieux et illimité du bonheur.

À propos de Marilyn Smith

Marilyn Smith est l'une des représentants mondiaux de haut niveau de Maître Sha. Marilyn a assisté à son premier atelier avec Maître Sha pendant le weekend qui a suivi les événements du 11 septembre 2001. Ce fut une expérience profondément transformatrice pour elle. Ce processus de transformation a continué pour elle dans chaque aspect de la vie, incluant sa profonde compréhension de l'importance de la gratitude.

Marilyn est un des canaux les plus purs du Divin. Elle a canalisé des livres, des articles et d'autres projets pour *l'Institute of Soul Healing and Enlightenment* (L'institut pour la guérison et l'illumination de l'âme). Au fil des ans, elle a soutenu plusieurs dans leur cheminement spirituel en canalisant la guidance spirituelle pour eux.

En tant que l'une des représentants mondiaux de Maître Sha, Marilyn a littéralement fait voyager mondialement les enseignements, la guérison et a apporté la mission à des centaines de nouveaux étudiants. Elle s'est concentrée récemment sur Hawaï, l'Australie et Singapour. Elle a enseigné à des milliers d'étudiants via des téléclasses, des ateliers et des retraites. Les connaissances de Marilyn, sa sagesse et plus spécialement ses habiletés de communication de l'âme ont fait d'elle une enseignante de premier niveau. Plusieurs années en tant qu'enseignante au primaire et administratrice l'ont préparée pour ce rôle important.

Marilyn a un baccalauréat en sciences sociales, une formation en enseignement élémentaire général, une formation en administration et une maîtrise en études religieuses.

www.DrSha.com
www.HeavensLibrary.com
1.888.3396815

www.ingramcontent.com/pod-product-compliance
Lightning Source LLC
Chambersburg PA
CBHW070655050426
42451CB00008B/368